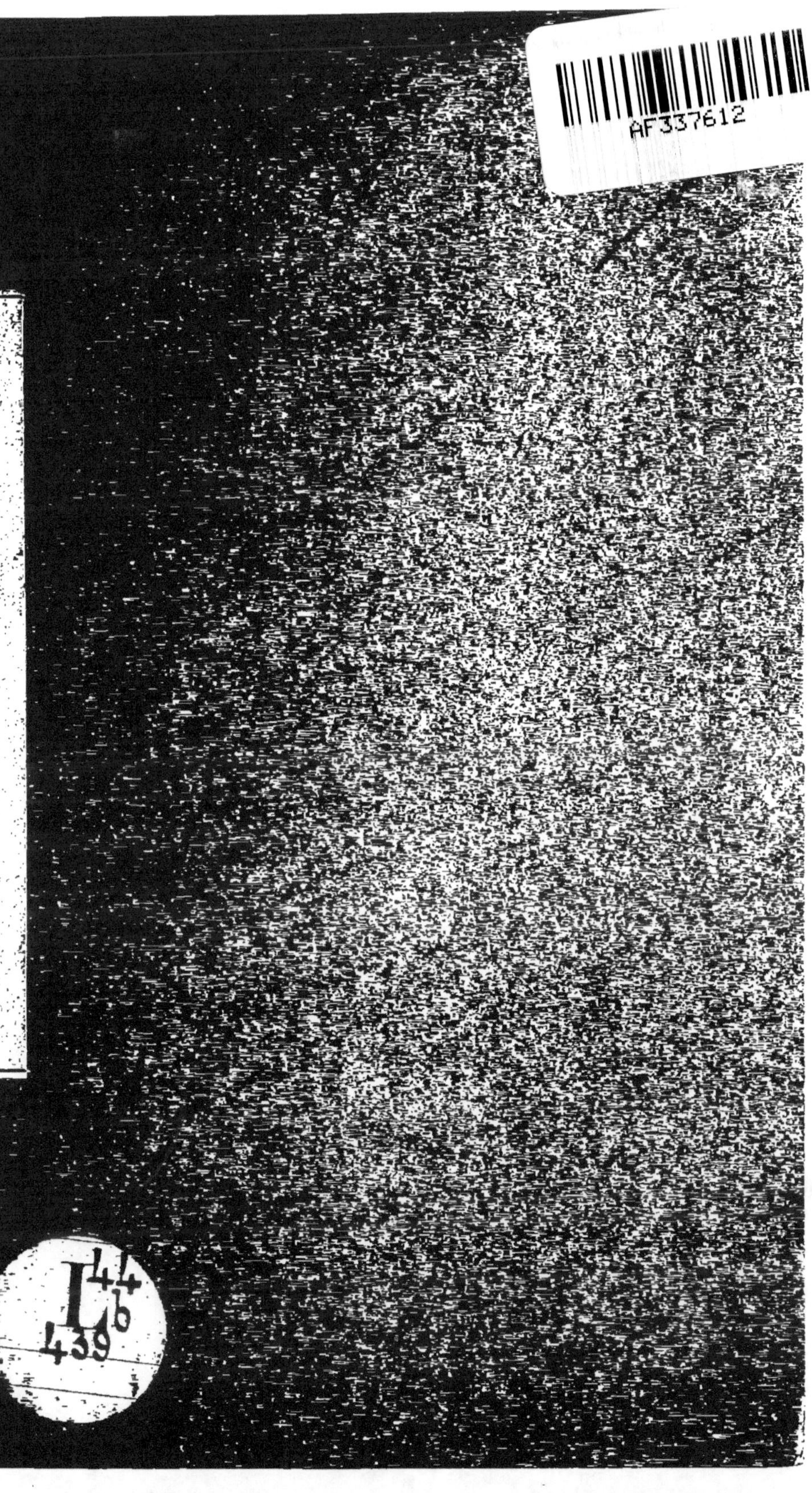
AF337612

44
Lb 439.

MON VŒU.

PAR M. M^{ce}. DE MONTGAILLARD.

A PARIS,

DE L'IMPRIMERIÉ DE BERTRAND-POTTIER,
Rue Galande ; N°. 51 , à l'Abeille.

XXIV FRIMAIRE AN XIV.

MON VŒU.

QUE de Triomphes dans une seule Victoire ; que de siècles de prospérité et de paix promis par un seul jour à l'Empire Français ! et comment la Cité Impériale pourra - t - elle célébrer la Bataille des TROIS EMPEREURS, et consacrer, dans son sein, la reconnaissances des Peuples ?

Le roi François Ier. fût réduit à combattre pendant un demi-siècle la Maison d'Autriche ; ses mains furent chargées de fers, et il perdit tout, *fors l'honneur*. Henri IV combattit toute sa vie pour arracher la Monarchie française à la Maison autrichienne de Madrid ; ce et des lois, et vient donner à l'Empire Français les plus beaux titre de gloire qu'ait jamais possédé une Nation.

Certes, la volonté et les desseins de l'Éternel se montrent dans les œuvres de l'Empereur des Français ! Et autant la Religion du Dieu de bienfaisance et de paix est au-dessus de toutes ces Religions de ténèbres qu'enfanta l'orgueil des hommes, autant les actions de l'Empereur des Français l'emportent sur les exploits de tous ces Demi-Dieux de la Grèce ou de Rome auxquels les Nations élevaient cependant des autels et des temples.

Ici, toutes les comparaisons cessent. Il n'y a plus d'exemples pour l'Empereur Napoléon que l'Empereur lui-même, et ses décrets peuvent s'étendre désormais aussi loin que sa gloire. La poésie

ne sera plus assez hardie pour chercher
des expressions qui répondent à la gran-
deur du sujet : c'est à l'histoire à consacrer, par la simplicité de son récit, le
nom, la gloire et les bienfaits de l'Empereur NAPOLÉON.

Quels trophées, quels hommages,
quels vœux pourraient se montrer di-
gnes du Souverain ? On a bien vu, sous
chacun de ses Rois, la Ville de Paris
prodiguer les applaudissemens et les hommages à ces Monarques, à ces Princes,
à ces Généraux qui rentraient dans ses
murs après avoir conquis une ville ou
soumis une Province ; l'on se rappelle
encore avec quel enthousiasme le Conqué-
rant de Namur, ou le Vainqueur de Fon-
tenoy, ou le Monarque de Metz furent
reçus dans la Capitale de l'Empire Français...... Mais, alors, il était aisé de cé-

lébrer une gloire ou des actions vulgaires. La reconnaissance des Peuples avait, pour ainsi dire, son cérémonial, parce que la gloire des Rois était renfermée dans des bornes communes à tous les siècles ; les hommages d'une grande Cité avaient alors, une tradition commune ; et des statues, des acclamations ou des fêtes suffisaient pour des Rois ordinaires.

Lorsque l'Empereur NAPOLÉON, aux sources du Danube, a fait présent de sa première Victoire à la Ville de Paris, nous avons vu les magistrats de la Reine des Cités porter aux pieds du Trône Impérial les bénédictions et les vœux du Peuple Français ; mais aujourd'hui la ville de Paris est dans l'impossibilité d'offrir à son Empereur un tribut qui réponde à l'immensité de ses triomphes ; et l'admiration elle-même se tait, saisie d'un saint respect.

Oserai-je élever ma faible voix dans des conjonctures si grandes, et daignera-t-on excuser l'insuffisance en faveur du sentiment ?

Le Général Bonaparte avait sauvé la France, l'Empereur Napoléon a sauvé l'Europe ; et en accordant la paix aux Rois qu'il a vaincus, l'Empereur Napoléon assure des siècles de paix et de prospérité à l'Empire Français.

Français et Citoyen de la Ville de Paris, j'émets le vœu que la Cité Impériale vote l'érection d'un Arc de Triomphe à l'Immortelle Gloire de Napoléon ; que ce monument soit élevé en marbre, pour dérober au tems une partie de ses droits ; qu'il soit permis aux Souverains et aux Peuples dont la bataille *des trois Empereurs* fonde les Trônes et assure les libertés, qu'il leur soit accordé par la Ville de Paris l'honneur de participer à ce grand acte de la reconnaissance de tous les peuples civilisés. J'émets le vœu que l'autorité Ecclésiastique imprime au monument triomphal le caractère de la Sainteté; et que l'époque de cette Consécration devienne pour la France un jour de solennité, qui, célébré chaque année dans tous les temples, rapelle à tous les Français le Restaurateur de leur Religion, le Sauveur de leur Empire, un Héros digne à tant de titres de leur amour et de leur admiration.

Habitans de Paris, l'Arc de Triomphe de NAPOLÉON survivra aux ruines de votre Cité, et portera votre nom à l'extrémité des siècles.

M. MONTGAILLARD.